APRENDA A DESENHAR

MANGÁ

CHIBIS

gato amarelo

APRENDA A DESENHAR

MANGÁ

CHIBIS

Direção editorial:
María José Pingray

Direção e realização do projeto:
Alejandra Trícoli

Tradução:
Ariel Ramos

Preparação:
Raquel Nakasone

Revisão:
Natália Chagas Máximo

Design:
Lala Trícoli

Diagramação:
Eli Lunazzi

Produção industrial:
Aníbal Álvarez Etinger

Imagens: Shutterstock, Lala Trícoli

SAC: atendimento@gdbeditorial.com.br

Dados Internacionais de Catalogação na Publicação (CIP)
(Câmara Brasileira do Livro, SP, Brasil)

Trícoli, Alejandra
Aprenda a desenhar mangá chibis / Alejandra Trícoli; [tradução Ariel Ramos]. – São Paulo : GDB Editorial, 2024.

Título original: Aprende a dibujar manga chibis
ISBN 978-65-85774-92-5
1. Desenho - Técnica 2. Histórias em quadrinhos -

Japão - Técnica 3. Personagens de histórias em quadrinhos - Japão I. Título.
23-178026 CDD-741.51

Índices para catálogo sistemático:
1. Mangás : Quadrinhos japoneses : Técnicas 741.51
Cibele Maria Dias - Bibliotecária - CRB-8/9427

SUMÁRIO

INTRODUÇÃO

O QUE É CHIBI?

A palavra chibi (pronunciada como se lê) significa "pessoa pequena" em japonês e é usada para nomear um estilo específico de desenho no qual os personagens (pessoas, animais ou objetos) têm características particulares, como corpos pequenos com cabeças grandes e expressões inocentes e infantis.
Você provavelmente já os viu em seus mangás favoritos.
Este livro vai lhe apresentar o mundo chibi para que você consiga desenhar formas básicas e simples. Você vai descobrir uma nova técnica para "chibificar" tudo o que puder imaginar.
Um mundo de adoráveis chibis espera por você!

***SEGREDO CHIBI:**
EXAGERAR E SIMPLIFICAR!

MATERIAIS NECESSÁRIOS

A ARTE DE DESENHAR NÃO TEM LIMITES, É INFINITA E LIVRE COMO SUA IMAGINAÇÃO. PORTANTO, TENHA SEMPRE PAPEL, LÁPIS E BORRACHA À MÃO. EXPERIMENTE AS FERRAMENTAS MENCIONADAS NESTAS PÁGINAS ATÉ ENCONTRAR AS QUE VOCÊ MAIS GOSTA OU AS QUE LHE DEIXAM MAIS CONFORTÁVEL.

DEPOIS DE APRENDER AS NOÇÕES BÁSICAS DE DESENHO À MÃO, VOCÊ PODE DIGITALIZAR SEU TRABALHO EM UM PROGRAMA DE ILUSTRAÇÃO PARA FAZER MODIFICAÇÕES, COLORIR E APLICAR EFEITOS DE LUZ, SOMBRA OU TEXTURA.

LÁPIS GRAFITE

São essenciais para desenhar. São classificados com letras e números de acordo com sua dureza:

- Os lápis com um número e a letra B (black) têm um grafite macio, que fica escuro no papel. O traço mais intenso é obtido com esses lápis. O 2B é o mais recomendado para desenhar, pois tem um traço médio e não mancha o papel. O 3B, 4B, 5B e superiores são úteis para sombreamento.
- Os lápis com um número e a letra H (hard) têm um grafite mais duro, que deixa uma marca mais clara no papel. Quanto maior o número, mais duros eles são.
- Os lápis HB ficam entre os lápis macios e os duros. O 2HB é o mais macio.

Recomendamos usar lápis mais duros (H) para linhas leves e finas, e lápis mais macios (B) para linhas mais grossas ou mais intensas.

APONTADORES DE LÁPIS

Os apontadores são muito importantes para manter as pontas dos lápis de grafite e de cor afiadas. Lembre-se que o apontador deve ser de boa qualidade para não danificar seus lápis.

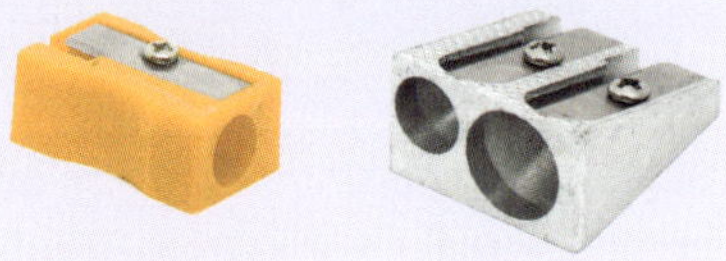

LAPISEIRAS

Permitem que você desenhe linhas mais finas e precisas. São usadas com minas de grafite B ou HB e até com minas coloridas. As espessuras padrão são 0,3 - 0,5 - 0,7 - 0,9 - 2 - 3,15 - 5,2 e 5,6 mm.

LÁPIS DE COR

Quando seu desenho estiver concluído, os lápis de cor podem ser usados para colorir suas ilustrações. Ao sobrepor dois tons diferentes, as cores vão se misturar. Existem lápis que podem ser usados com água para obter um efeito semelhante ao da aquarela.

BORRACHA

É essencial para apagar traços e criar efeitos no desenho, como brilho, cintilação e texturas.

Borracha miolo de pão: é macia e não danifica o papel. É ideal para apagar traços delicados e não muito escuros.

Borracha de plástico: é macia e apaga traços suaves e médios. Dura mais que a borracha miolo de pão porque se desgasta menos.

Borracha maleável: pode ser moldada para apagar qualquer linha. Apaga grafite escuro e pode ser usada até para desenhar em áreas coloridas, pois não deixa resíduos quando é esfregada no papel.

PAPEL

O suporte sobre o qual você vai desenhar é muito importante. Portanto, é aconselhável usar um papel de boa qualidade para que seu desenho tenha um bom acabamento. No início, para praticar, você pode usar um papel mais barato. Blocos de rascunho, cadernos simples e papel de impressora são excelentes para desenvolver suas ideias e esboços.
Há papéis específicos para desenhar a lápis, a tinta, com aquarela etc.
Há também uma grande variedade de cores, texturas e formatos. Pense no material que você vai usar para colorir para escolher o papel certo.

RÉGUA

Elas têm diversos formatos. Tenha sempre à mão uma curta e uma mais longa para fazer linhas retas perfeitas e delinear os espaços de trabalho.

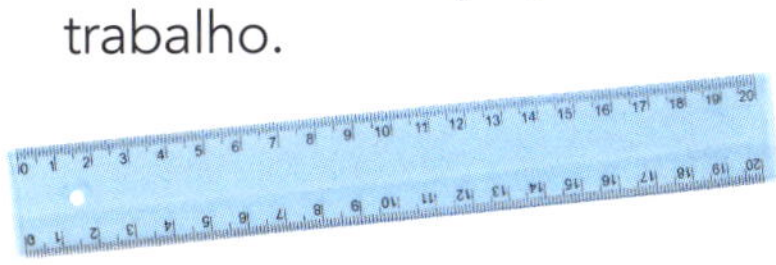

CANETAS DE FELTRO

São perfeitas para colorir seu trabalho. Você pode usá-las para sombrear e pintar grandes áreas. Estão disponíveis em cores brilhantes e vibrantes, metalizadas, pastéis, fluorescentes etc. Existem diferentes espessuras e tipos de ponta.

CANETAS DE PONTA FINA

Você vai adorar usá-las! São ideais para fazer traços precisos, contornar e pintar desenhos feitos a lápis, escrever, desenhar padrões ou texturas e fazer os detalhes finais dos personagens, como cabelos, roupas, fundos e objetos.

TINTAS

Dependendo do tipo de pintura que você escolher, o acabamento de seus desenhos será diferente. Divirta-se explorando acrílicos, aquarelas, têmpera etc. Pesquise quais tipos de papel funcionam melhor com quais tintas.

ANTES DE COMEÇAR

COMO EM QUALQUER EXERCÍCIO FÍSICO OU MENTAL, É SEMPRE ACONSELHÁVEL FAZER UM AQUECIMENTO ANTES DE COMEÇAR. NESSE CASO, SERÁ NECESSÁRIO MOVIMENTAR E RELAXAR A MÃO PARA DESENHAR COM FACILIDADE. AQUI ESTÃO ALGUNS EXERCÍCIOS PARA VOCÊ FAZER E SE DIVERTIR. NÃO PRECISA SE PREOCUPAR COM A LIMPEZA OU A BELEZA DE SUAS LINHAS. NÃO SE TRATA DE UMA OBRA DE ARTE, VOCÊ ESTÁ APENAS SE AQUECENDO PARA O PRÓXIMO NÍVEL, ENTÃO BRINQUE E RELAXE!

Para começar, segure o lápis com cuidado e, sem apertar com muita força, faça um movimento circular com a mão, girando o pulso. Quando sentir que ela está mais flexível, acompanhe as linhas horizontais, verticais e onduladas abaixo. Em seguida, pratique outras linhas e formas em uma folha de papel.

Para obter um traço fluido, apenas relaxe e deixe-se levar pelas linhas e pelo movimento que sua mão faz, deslizando o lápis como se estivesse patinando no papel, sem prestar atenção aos detalhes ou proporções. Experimente os traços abaixo. Crie linhas onduladas, curtas e mais longas. Você pode sobrepor uma com a outra, cruzá-las e repeti-las, e assim criar texturas. Isso vai lhe dar fluidez, ao mesmo tempo que permite a você descobrir maneiras diferentes de sombrear ou colorir seus próximos desenhos.

CORES

AS CORES VÃO DAR VIDA ÀS SUAS CENAS E PERSONAGENS. O SEGREDO PARA OBTER EFEITOS INCRÍVEIS É APRENDER A COMBINÁ-LAS. A TEORIA DAS CORES VAI AJUDAR A DECIDIR QUAL TOM USAR.

O CÍRCULO CROMÁTICO

O CÍRCULO CROMÁTICO
Esse círculo representa as principais cores de forma ordenada. Ele ajuda a entender como as cores se relacionam entre si e como reagem umas com as outras para que você obtenha combinações harmoniosas.

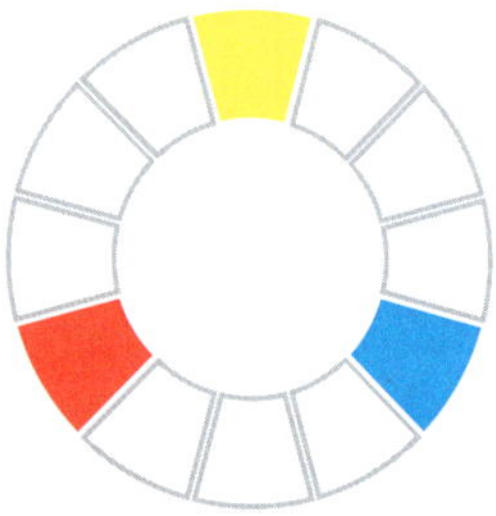

CORES PRIMÁRIAS
São tons que não podem ser obtidos com a mistura de outras cores.

CORES SECUNDÁRIAS
São obtidas com a mistura de duas cores primárias.

CORES TERCIÁRIAS
São obtidas com a mistura de uma cor primária com uma cor secundária.

VERMELHO, AMARELO E LARANJA SÃO CORES QUENTES; VERDE, AZUL E VIOLETA SÃO CORES FRIAS.

Alguns artistas aplicam cor diretamente em seus desenhos originais, sem testar em rascunhos antes.
Se você for um artista iniciante, pode fazer cópias do seu desenho para preservá-lo. Isso vai mantê-lo sempre intacto. Em cada cópia, você pode fazer experiências com diferentes cores.

HARMONIAS DE CORES

São técnicas que nos mostram como combinar cores para transmitir e reforçar uma mensagem ou criar um determinado universo.
Se quiser combinar duas cores muito diferentes, você pode se guiar pelas cores complementares.
Caso precise usar tons semelhantes ou criar gradientes, pode usar a paleta de cores análogas.

COMPLEMENTARES

ANÁLOGAS

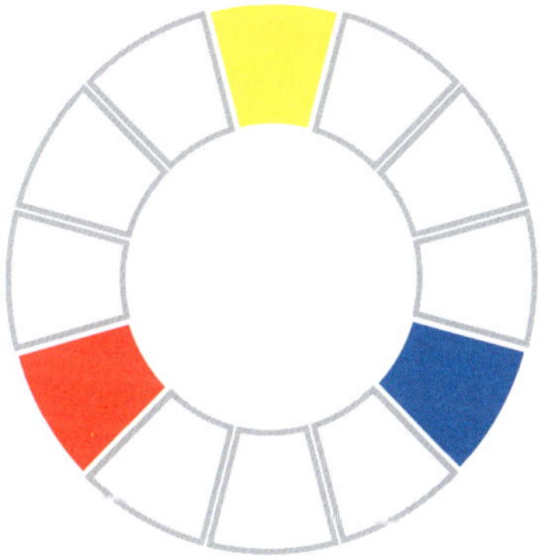

TRÍADE

COMPLEMENTARES DIVIDIDAS

RETÂNGULO

QUADRADO

COMO É UM CHIBI?

A CARACTERÍSTICA QUE DISTINGUE OS CHIBIS DE OUTROS PERSONAGENS DE ANIME OU MANGÁ SÃO AS PROPORÇÕES SIMPLIFICADAS. SEUS TRAÇOS E TAMANHOS SÃO MODIFICADOS PARA QUE PAREÇAM PEQUENOS, INFANTIS E ADORÁVEIS. CHIBIS TÊM O CORPO PEQUENO, A CABEÇA GRANDE (REDONDA E LARGA), MEMBROS GROSSOS E OLHOS GRANDES. A FORMA CORPORAL MAIS COMUM É APRESENTADA ABAIXO.

SE ESTIVER COMEÇANDO, DESENHE COM ESSAS PROPORÇÕES EM MENTE. MAIS TARDE, QUANDO TIVER MAIS PRÁTICA, VOCÊ PODERÁ INVENTAR SUAS PRÓPRIAS MEDIDAS E PROPORÇÕES, COMO FAZEM OS ARTISTAS ESPECIALIZADOS.

TAMANHOS DOS CORPOS

As imagens seguintes são úteis para evidenciar a diferença de tamanho entre um personagem de anime ou mangá e um chibi. O chibi é menor (tem metade do tamanho do mangá) e seus membros são desproporcionais (a cabeça é maior que o tronco e as pernas juntos).

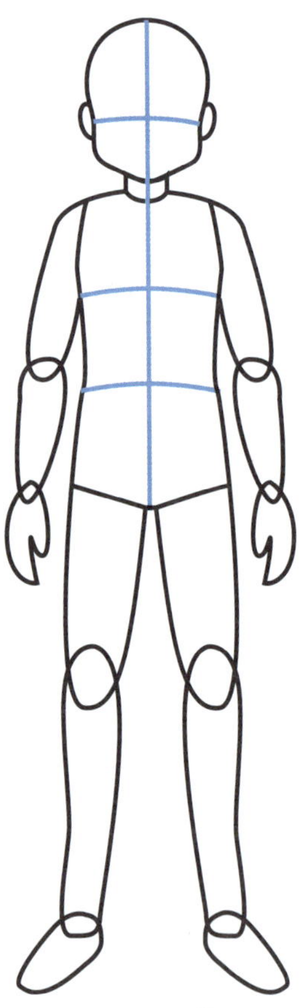

PROPORÇÕES REAIS

PROPORÇÕES CHIBI

TAMANHOS E CORPOS 2

CORPO BASE
As linhas azuis marcam o centro da cabeça e do corpo. Elas servirão de referência para desenhar os detalhes do rosto e das roupas.

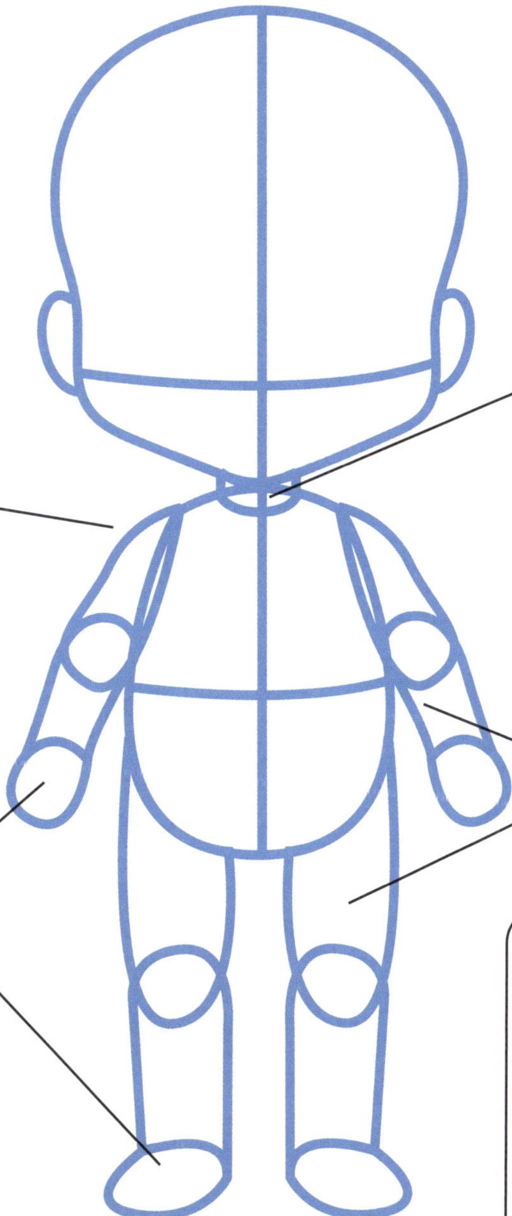

OMBROS
São pequenos e inclinados para baixo.

MÃOS E PÉS
São bem pequenos.

DEDOS
São curtos e redondos, sem forma. Você pode mesclá-los para que se pareçam com uma luva.

PESCOÇO
Se desejar, você pode omitir o pescoço, os pulsos e os tornozelos.

BRAÇOS E PERNAS
Não é necessário desenhar os músculos, apenas tubos bonitos, redondos e grossos. Observe que o tronco é pequeno, então certifique-se de que os membros estejam posicionados corretamente.

MODELO DE CORPO

AO LONGO DO LIVRO, VOCÊ ENCONTRARÁ DIFERENTES MODELOS COMO ESTE. VOCÊ PODE USÁ-LOS QUANTAS VEZES PRECISAR. PARA DESENHAR O CORPO DO SEU CHIBI, USE FORMAS BÁSICAS E INCLUA CÍRCULOS, CILINDROS E LINHAS DE REFERÊNCIA.

ROTAÇÃO DO CORPO

A MANEIRA MAIS PRÁTICA E ÚTIL DE CALCULAR AS PROPORÇÕES DE UM PERSONAGEM É USAR A MEDIDA DA CABEÇA COMO REFERÊNCIA.

Personagens chibis geralmente medem entre 2,5 e 3 cabeças. Ao girar o corpo, essas proporções devem ser mantidas para que o personagem não pareça deformado. Os quatro ângulos mais comuns são: frontal, lateral (perfil), dorsal e vista 3/4.

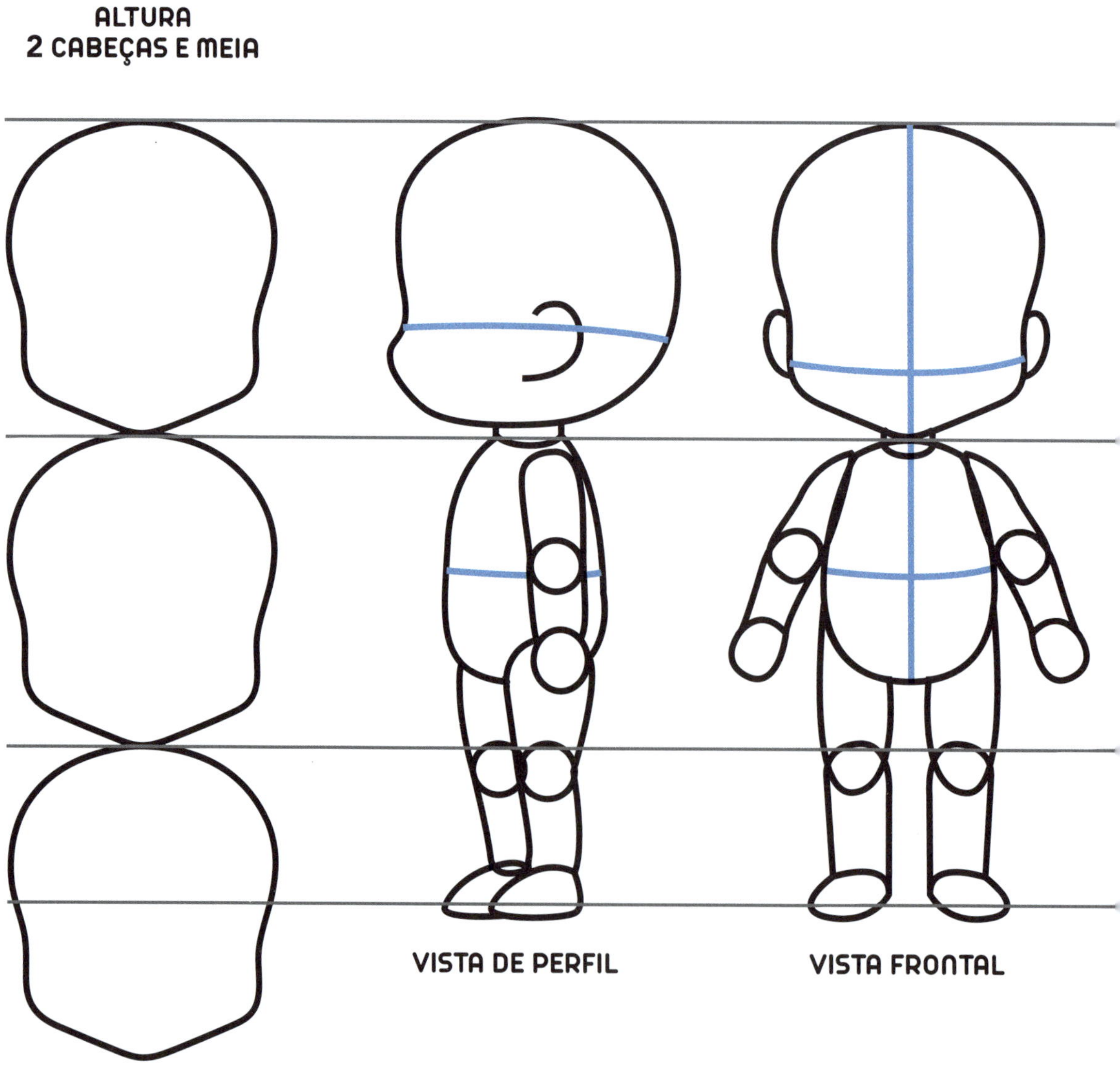

Observe como o formato da cabeça muda em cada ângulo e como os braços e as pernas indicam a direção para a qual o personagem está voltado. Mesmo que os ângulos mudem, o personagem mantém a mesma forma, altura e tamanho.

MODELOS DE CORPOS EM DIFERENTES ÂNGULOS

ESSES MODELOS PODEM SER USADOS COMO BASE QUANDO VOCÊ QUISER PRATICAR A DIREÇÃO DO SEU PERSONAGEM.

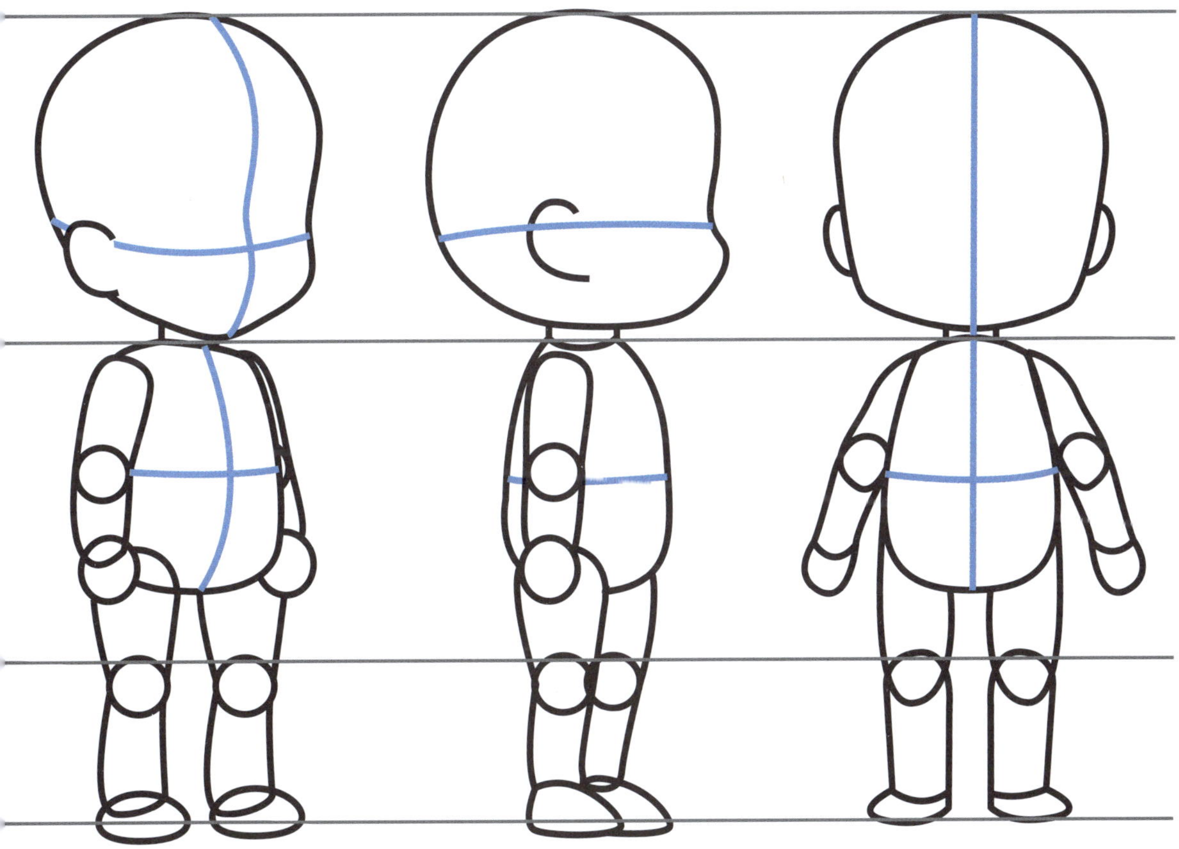

VISTA DE PERFIL 3/4 **VISTA DE PERFIL** **VISTA DORSAL**

DIFERENÇAS SEGUNDO O SEXO

Use os modelos a seguir como referência para criar personagens com diferentes tipos de constituição física. O corpo feminino tem linhas suaves e curvas, enquanto o masculino tem linhas retas e sólidas.

CORPO FEMININO

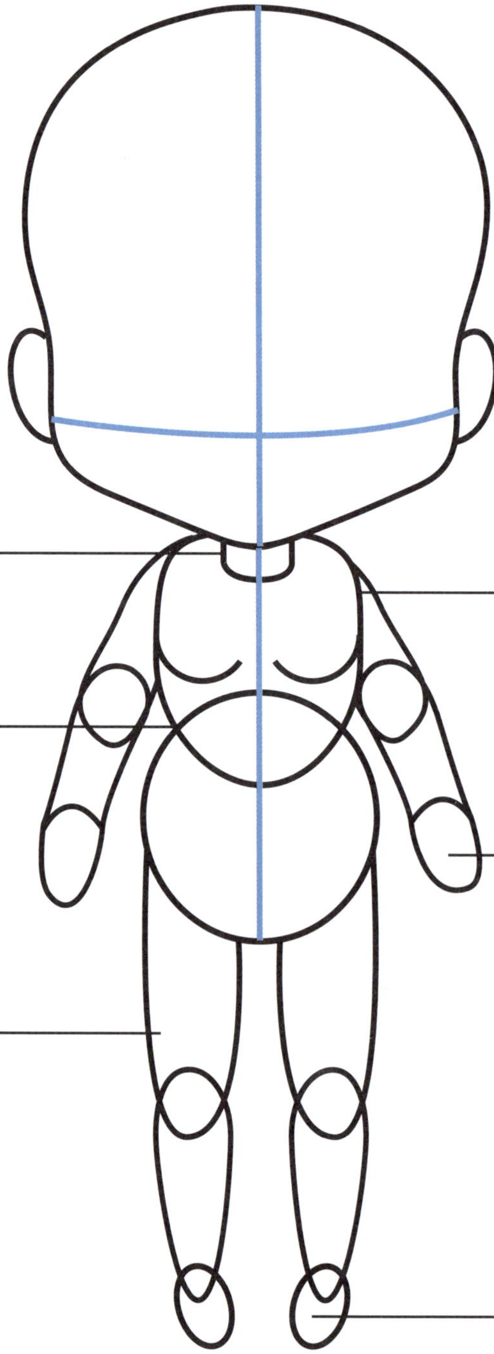

CORPO MASCULINO

DIFERENÇAS SEGUNDO A IDADE

CONFORME AS PESSOAS ENVELHECEM, SEUS CORPOS MUDAM. PORTANTO, AS PROPORÇÕES DA FIGURA TAMBÉM DEVEM MUDAR DE ACORDO COM A IDADE. ESTES SÃO ALGUNS MODELOS PARA VOCÊ TOMAR COMO REFERÊNCIA AO DESENHAR SEUS PERSONAGENS.

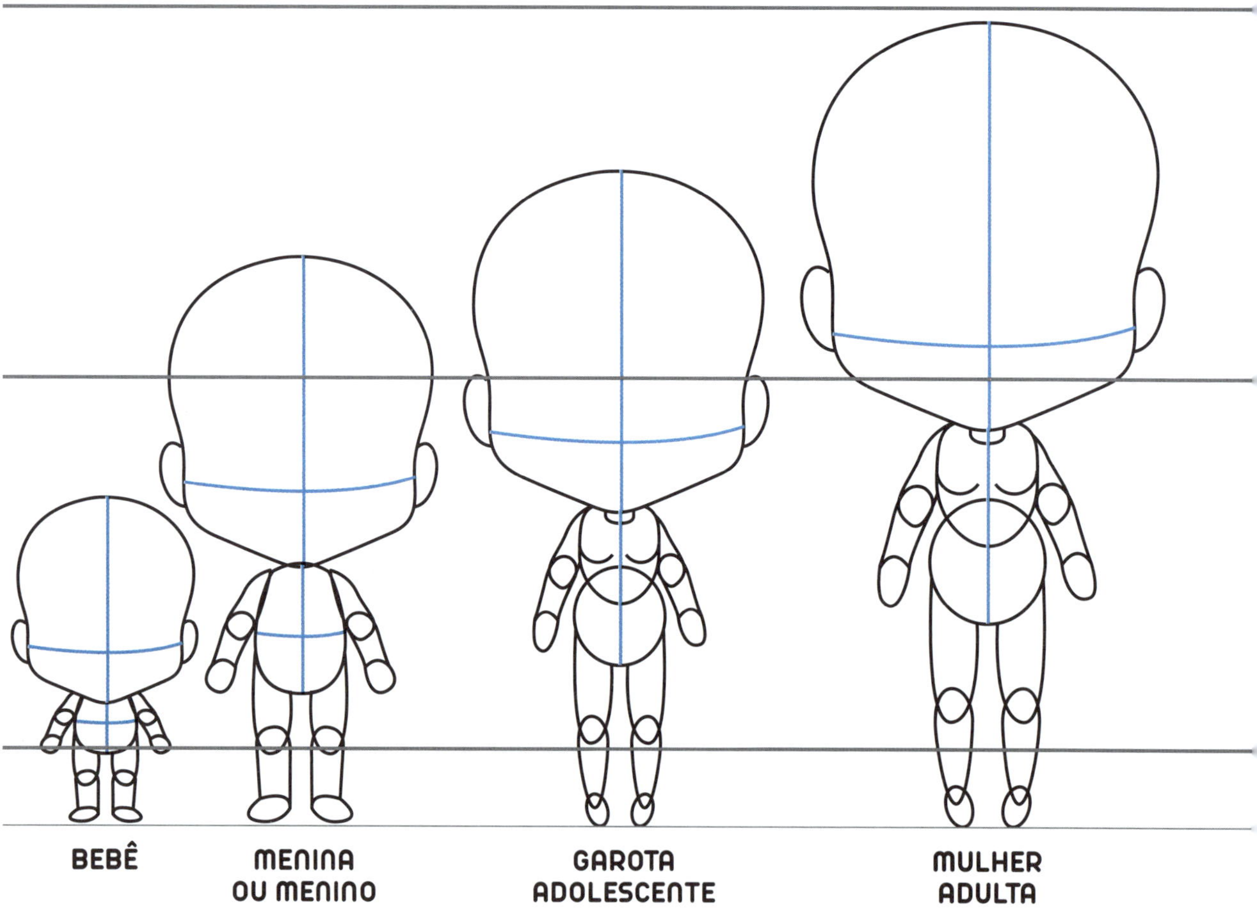

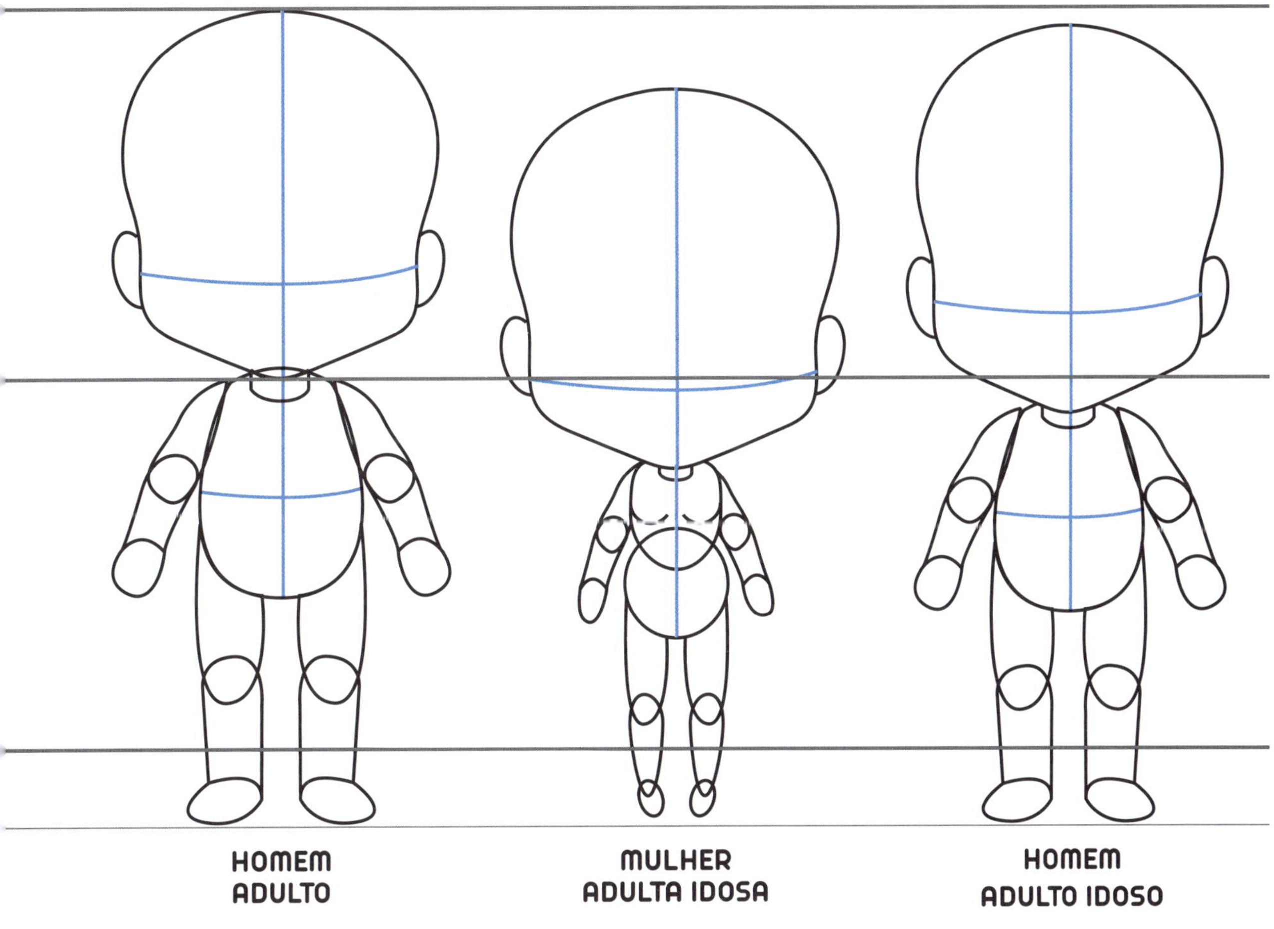
HOMEM
ADULTO
MULHER
ADULTA IDOSA
HOMEM
ADULTO IDOSO

PROPORÇÕES

AO MODIFICAR AS PROPORÇÕES DA ESTRUTURA BÁSICA DO CORPO, VOCÊ PODE CRIAR PERSONAGENS DE DIFERENTES CONSTITUIÇÕES FÍSICAS, IDADES E PERSONALIDADES.

Pratique completando a figura dessa linda garotinha. Preste atenção ao posicionamento das características faciais e das extremidades do corpo para que tudo fique equilibrado. Atenção: para criar essa personagem, foram modificados o formato do tronco e das pernas, e também foram ampliados a cabeça e os braços.

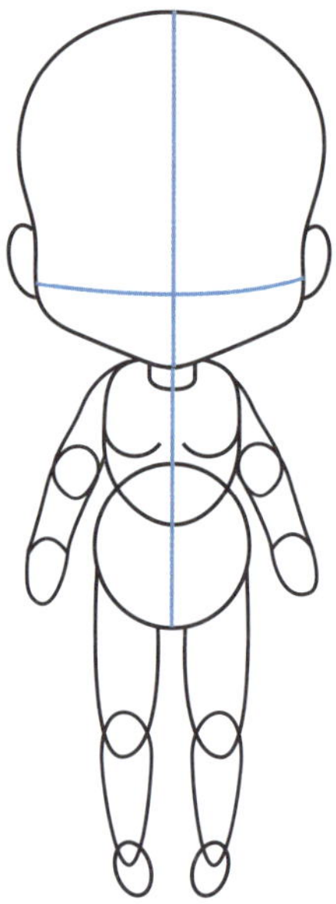

ESTRUTURA BÁSICA

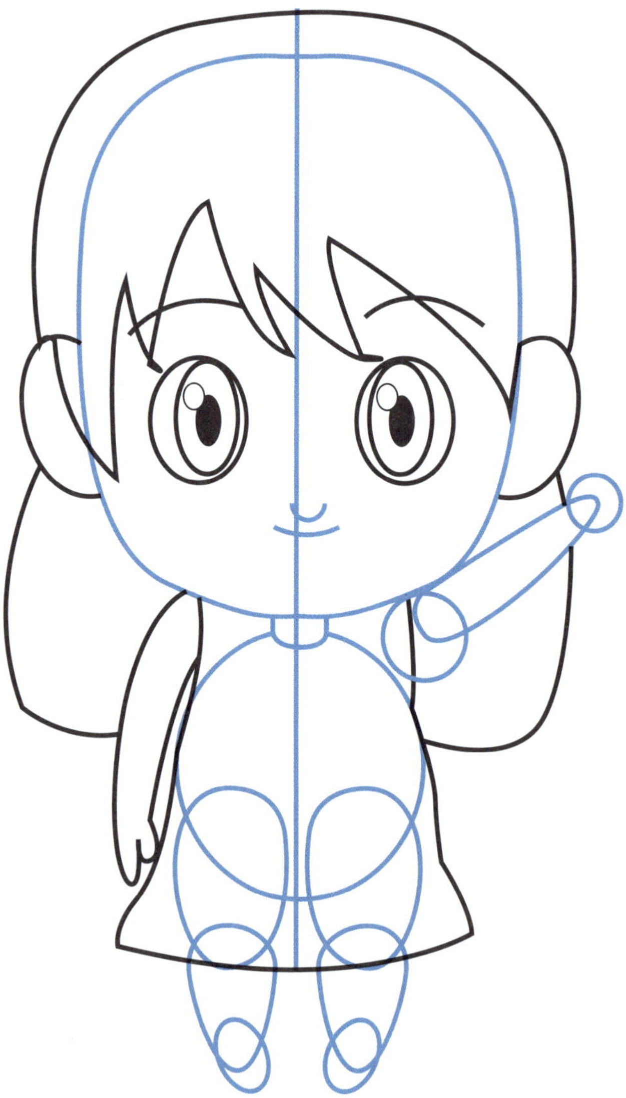

ATIVIDADE

USE ESSA ESTRUTURA BÁSICA DE MENINO OU MENINA COMO REFERÊNCIA E DESENHE DIFERENTES FORMAS E CONSTITUIÇÕES FÍSICAS, MODIFICANDO O COMPRIMENTO DOS BRAÇOS E DAS PERNAS E AUMENTANDO OU REDUZINDO O TAMANHO DOS PÉS E DA CABEÇA.

ESTRUTURA BÁSICA

EXEMPLOS

CORPO MUSCULOSO

CABEÇA GRANDE E CORPO PEQUENO

PERNAS E CORPO MAGROS

CABEÇAS E FACES

EM COMPARAÇÃO COM O ROSTO NORMAL, AS CARACTERÍSTICAS FACIAIS DE UM CHIBI SÃO MAIORES E ESTÃO LOCALIZADAS NA METADE INFERIOR DO ROSTO. A TESTA E OS OLHOS SÃO GRANDES E LARGOS E FICAM ABAIXO DO CENTRO DA FACE. EM GERAL, AS SOBRANCELHAS DE UM CHIBI SE CURVAM EM TORNO DOS OLHOS BEM ABERTOS, RESULTANDO EM UMA EXPRESSÃO INFANTIL. O NARIZ É UM PEQUENO TRIÂNGULO E, MUITAS VEZES, NEM SEQUER É DESENHADO. A BOCA É PEQUENA; O QUEIXO É ACHATADO. O PESCOÇO É CURTO E FINO.

As linhas azuis marcam a referência entre as metades superior e inferior de um modelo normal de anime ou mangá e um chibi.

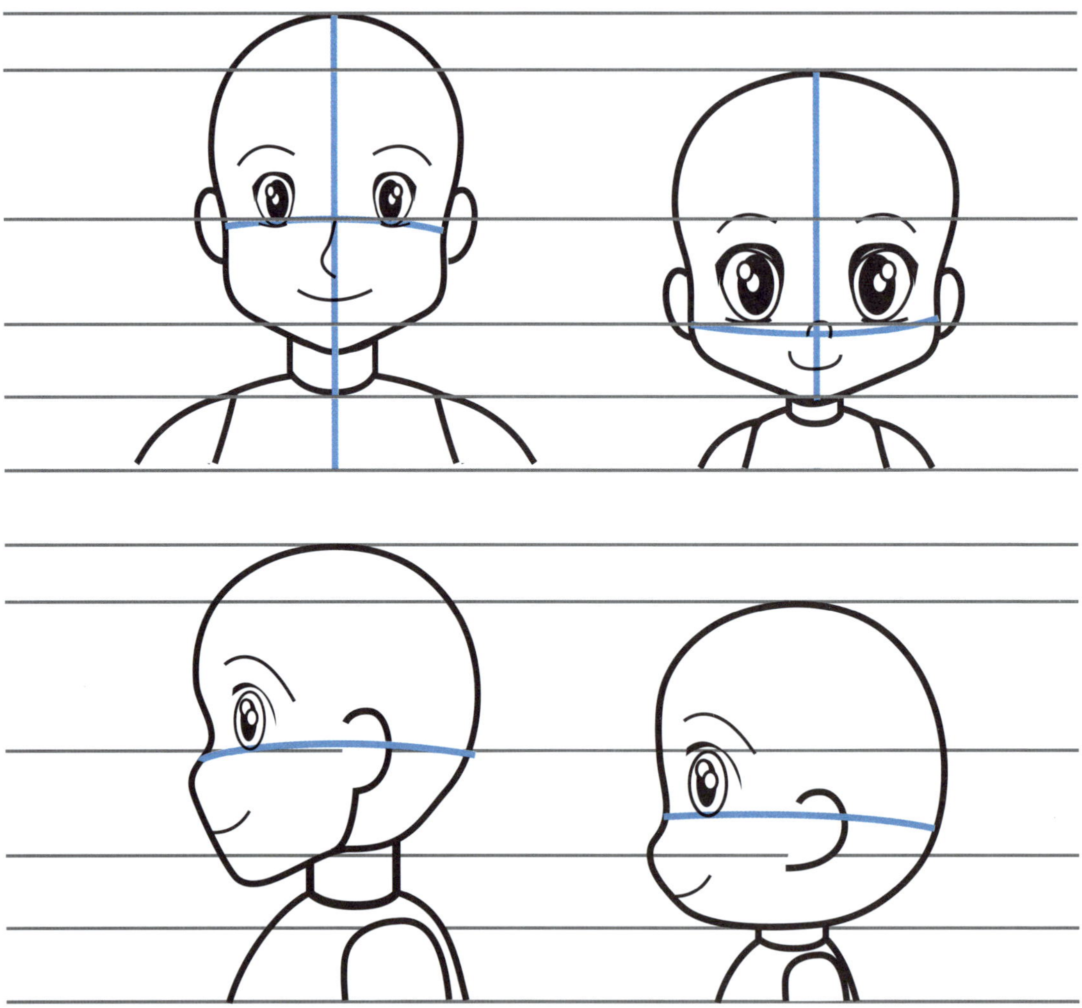

PROPORÇÕES REAIS **PROPORÇÕES CHIBI**

CABEÇA
Desenhe a cabeça do personagem bem grande e larga.

ORELHAS
São um pouco maiores que o normal, mas geralmente proporcionais à cabeça.

OLHOS
Aumente os olhos para que ocupem quase metade do rosto e deixe-os bem separados para dar uma aparência ainda mais adorável.

NARIZ
Basta representá-lo com um ponto ou removê-lo completamente.

QUEIXO
Simplifique a parte saliente para criar um contorno facial arredondado.

MODELO DE CABEÇA
ESSE MODELO SERÁ ÚTIL QUANDO VOCÊ QUISER PRATICAR O DESENHO DA CABEÇA E DO ROSTO DO SEU CHIBI.

EXPRESSÕES | OLHOS

OS OLHOS SÃO FUNDAMENTAIS PARA EVIDENCIAR A PERSONALIDADE DO SEU CHIBI, POIS É POR MEIO DELES QUE PODEMOS IMAGINAR O QUE ELE PENSA E SENTE.

Abaixo, mostramos alguns modelos de olhos e diferentes olhares para você usar como referência. Lembre-se de que as personagens femininas costumam ter cílios longos, enquanto os personagens masculinos têm cílios curtos ou nem os têm.

O modelo mais característico de chibi tem olhos ovais e pálpebras e sobrancelhas bem arqueadas.

Vilões, personagens astutos e/ou raivosos costumam ter olhos em formato triangular, pontudos nos cantos, e a testa franzida. As sobrancelhas acompanham o formato do olho e se encontram no centro, ressaltando a ponta do triângulo.

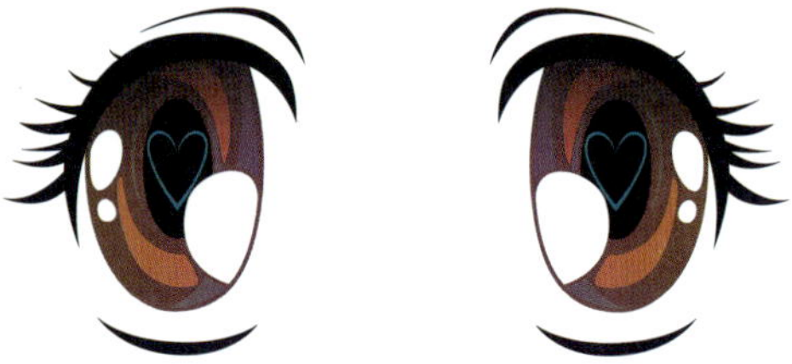

Olhos grandes e circulares com pequenos corações na pupila representam personagens sonhadores ou apaixonados.

Olhos ovais irregulares com sobrancelhas se encontrando no centro são usados para personagens malignos, raivosos, entediados, frustrados ou suspeitos.

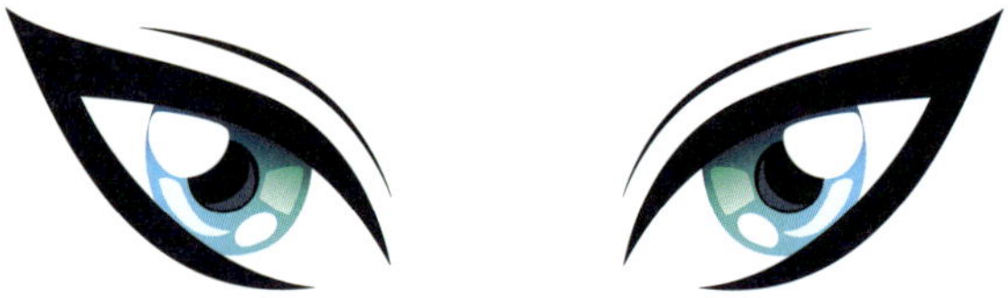

Olhos estreitos e diagonais são usados para personagens femininas malvadas ou astutas.

Olhos circulares com cílios longos e brilho na pupila geralmente representam personagens femininas glamourosas.

COMO REGRA GERAL, OS OLHOS CHIBI SÃO GRANDES E LARGOS, DESENHADOS ABAIXO DO CENTRO DO ROSTO. AS SOBRANCELHAS SÃO BEM ARQUEADAS PARA ENFATIZAR A EXPRESSÃO INFANTIL.

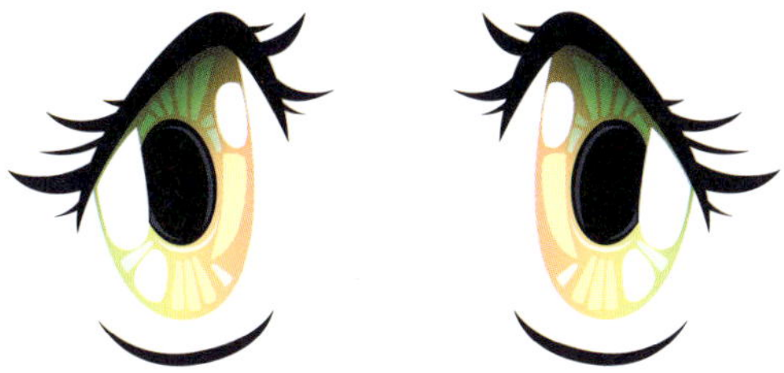

As pálpebras caídas transmitem tristeza ou timidez. O brilho na parte inferior dos olhos simula lágrimas e umidade nos olhos. Dessa forma, o personagem vai parecer estar chorando ou prestes a chorar.

Personagens alegres e felizes são desenhados com olhos fechados. Ficam visíveis apenas os cílios curvados. As sobrancelhas geralmente são altas e separadas dos olhos.

Para representar um personagem dormindo, sonhando ou meditando, desenhe apenas os cílios e as pálpebras fechadas.

Olhos circulares, grandes e bem abertos com íris pequenas dão a ideia de surpresa ou susto. As sobrancelhas são bem arqueadas para baixo.

EXPRESSÕES | ROSTOS

AO COMBINAR OS ESTILOS DE OLHOS E BOCAS, AS EXPRESSÕES FACIAIS VÃO TRANSMITIR AS EMOÇÕES E O HUMOR DE CADA PERSONAGEM. No estilo chibi, essas características são pequenas e simplificadas, combinando apenas algumas linhas curvas e retas. Use as ilustrações a seguir como referência para as suas criações. Quando os músculos do rosto se movem ao falar, rir ou chorar, o nariz sempre permanece fixo, enquanto a boca fica maior, menor e, às vezes, distorcida. Faça diferentes caretas na frente de um espelho para estudar as possibilidades.

BONDADE - SORRISO
Olhos com tamanho normal, boca no formato de meia-lua e bochechas rosadas.

CANSAÇO - SONOLÊNCIA - DESCONFIANÇA
Olhos pequenos, estreitos, perdidos, boca fechada formada apenas por uma linha.

PISCADELA
Um olho bem aberto e o outro fechado num ângulo. Boca aberta e reta em cima, sobrancelhas arqueadas para o centro.

TERROR - MEDO
Olhos com formato espiral, sobrancelhas arqueadas para baixo, boca oval bem aberta.

ALEGRIA
Olhos abertos, sobrancelhas arqueadas, boca aberta e bochechas rosadas.

DESCONFORTO - RAIVA
Boca bem aberta, arqueada para baixo, olhos e pupilas muito grandes.

GARGALHADA
Boca aberta e reta em cima, olhos fechados arqueados para baixo e sobrancelhas acompanhando os olhos.

TRISTEZA – ARREPENDIMENTO
Boca plana e achatada no centro, olhos fechados e arqueados para cima, assim como as sobrancelhas.

SURPRESA
Boca oval bem aberta, olhos também bem abertos, sobrancelhas arqueadas para baixo.

SUSTO – SURPRESA
Boca oval bem aberta, olhos tão abertos que a íris não é visível, sobrancelhas arqueadas.

CHORO
A boca é uma linha ondulada, as sobrancelhas ficam arqueadas para cima e os olhos, fechados com linhas onduladas para baixo, formando lágrimas.

AMOR – PAIXÃO
Olhos muito grandes com corações no centro, sobrancelhas arqueadas para baixo e boca oval bem aberta.

CARTUNISTAS PROFISSIONAIS GERALMENTE TRABALHAM EM FRENTE A UM ESPELHO PARA ESTUDAR DIFERENTES EXPRESSÕES. TAMBÉM É IMPORTANTE OBSERVAR OUTRAS PESSOAS PARA CAPTURAR ATITUDES E EMOÇÕES.

PESSIMISMO
Olhos estreitados, sobrancelhas arqueadas para baixo, boca em forma de meia-lua para baixo.

EXPRESSÕES | SINAIS

VOCÊ PODE ENFATIZAR AINDA MAIS AS EMOÇÕES E AS EXPRESSÕES DE CADA PERSONAGEM ADICIONANDO ALGUM SINAL OU DESENHO.

É possível usar sinais de pontuação, como o ponto de exclamação, que sugere surpresa, espanto etc.
Aqui estão alguns desenhos que podem ajudá-lo a expressar os sentimentos de seus personagens.

ALEGRIA
As três linhas reforçam o sentimento de alegria e fazem com que o personagem pareça mais feliz e expressivo.

A mesma expressão acompanhada de uma lâmpada e sobrancelhas em uma posição diferente mudam completamente a situação do personagem.

RISO COM GARGALHADA
Os diamantes nas laterais reforçam a ideia de riso e diversão.

TRISTEZA - ARREPENDIMENTO
As gotas representam cansaço ou tristeza.

SURPRESA
O ponto de interrogação pode ser útil para representar uma situação em que o personagem não entende o que está acontecendo ou está confuso.

IRRITAÇÃO - RAIVA
As linhas retas e pontiagudas nas laterais da cabeça fazem com que o personagem pareça muito irritado.

PESSIMISMO
O desenho em forma de meia nuvem reforça o mau humor e a irritação

CANSAÇO - SONOLÊNCIA - DESCONFIANÇA
O balão com as reticências dá a ideia de que o personagem está falando ou reclamando de algo. O significado pode variar de acordo com a expressão do rosto.

AMOR - PAIXÃO
O coração exprime amor ou o ato de se apaixonar.

CHORO
As linhas retas nas laterais da cabeça dão a ideia de movimento, como se o personagem estivesse chorando.

BONDADE - SORRISO
A nota musical mostra que o personagem pode estar ouvindo música ou pensando em alguma melodia.

PISCADELA
As listras verticais dão a ideia de alegria ou cumplicidade.

ATIVIDADE

ESCREVA UMA LISTA DE EXPRESSÕES, ATITUDES E EMOÇÕES E, DEPOIS, DESENHE-AS.

Em frente a um espelho, expresse as emoções que escreveu na lista e tente desenhá-las nos esquemas abaixo. Preste atenção aos detalhes das feições, como altura, movimento e formato dos olhos, sobrancelhas e boca.

MÃOS

AS MÃOS DOS PERSONAGENS SÃO FUNDAMENTAIS PARA EXPRESSAR EMOÇÕES E AÇÕES.

Desenhar mãos não é fácil, mas se você prestar atenção a essas etapas e praticar bastante, se tornará um excelente desenhista.

LEMBRE-SE DE QUE AS MÃOS E OS PÉS CHIBIS SÃO PEQUENOS. OS DEDOS SÃO CURTOS E REDONDOS, SEM MUITOS DETALHES. PARA SIMPLIFICÁ-LOS AINDA MAIS, VOCÊ PODE MESCLAR OS DEDOS DA MÃO PARA QUE SE PAREÇAM COM UMA LUVA.

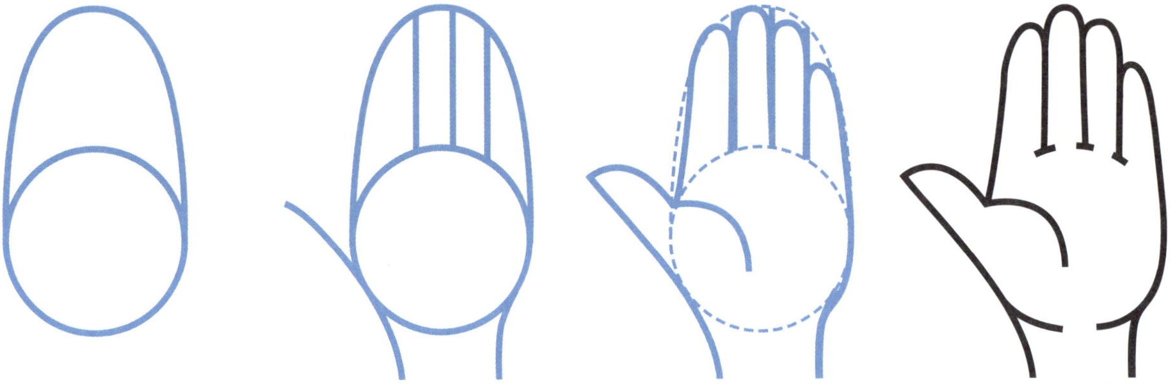

1. Desenhe um círculo dentro de um oval para definir a forma da base da mão.

2. Na parte superior do oval, desenhe três linhas retas para marcar os dedos. Desenhe uma linha arqueada para fora na parte inferior do oval para formar o polegar.

3. Desenhe semicírculos para formar as pontas dos dedos e complete o músculo do polegar.

4. Apague o círculo e a base oval e termine os detalhes, adicionando as dobras dos dedos e a palma da mão.

PARA FAZER A MÃO OU O PÉ OPOSTO, BASTA ESPELHAR O SEU DESENHO.

Veja alguns modelos.

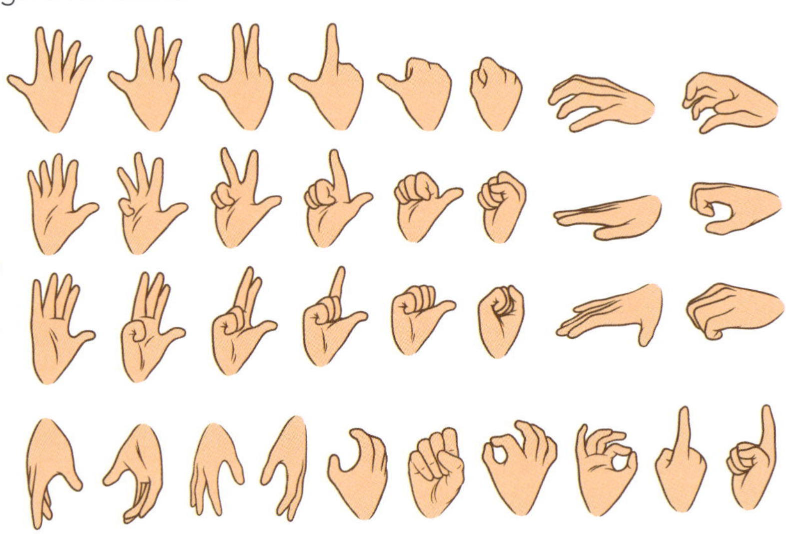

PÉS

OS PÉS SÃO O SUPORTE DO NOSSO CORPO. QUANDO REALIZAMOS UMA AÇÃO, ELES TÊM UMA FORMA, MAS, SE ESTIVERMOS SENTADOS OU DE COSTAS, ASSUMEM UMA APARÊNCIA TOTALMENTE DIFERENTE.

Os pés chibis usam formas simplificadas, tomando como base modelos com proporções reais. Observe as etapas seguintes para aprender a desenhar os pés.

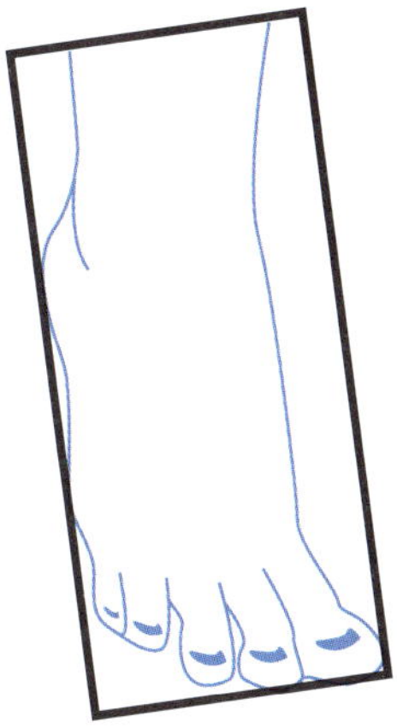

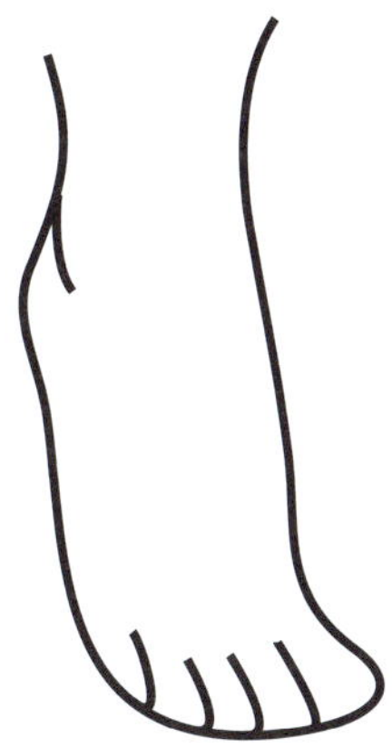

1. Tome a posição real do pé como referência, observando sua forma e desenhando-a com um lápis. Nesse caso, trata-se de um retângulo inclinado.

2. Desenhe o contorno do pé traçando linhas curvas. Omita os detalhes.

3. Desenhe os dedos dos pés e apague o retângulo de referência.

4. Você pode simplificar ainda mais o desenho tornando a perna retangular e os dedos curvos.

O mais importante é notar como cada parte do pé fica apoiada para representar o movimento dos personagens. Aqui estão alguns exemplos para você usar como referência.

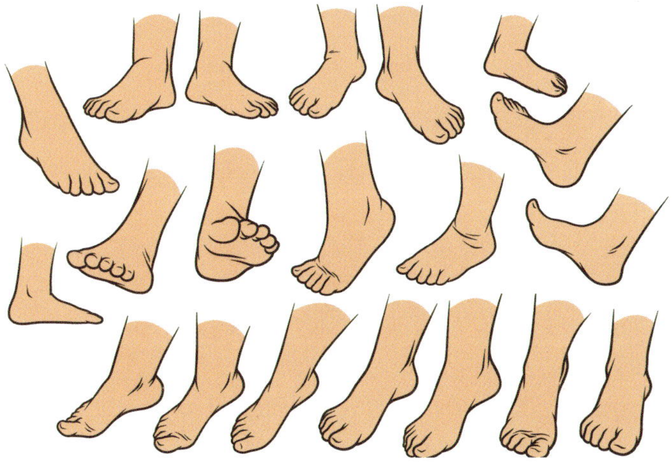

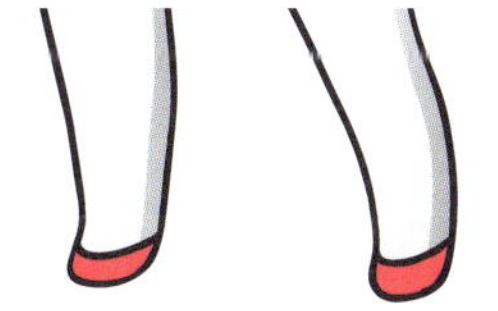

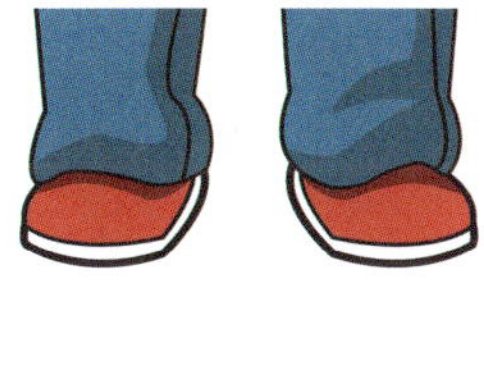

ATIVIDADE

COPIE OS MODELOS SEGUINTES E CRIE OUTROS USANDO SUA PRÓPRIA MÃO COMO REFERÊNCIA.

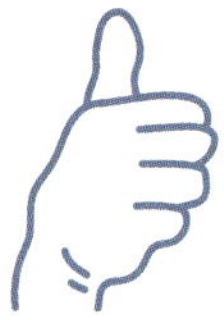

OBSERVE AS ILUSTRAÇÕES DE PÉS EM DIFERENTES POSIÇÕES E PRATIQUE DESENHÁ-LOS DE FORMA SIMPLIFICADA.

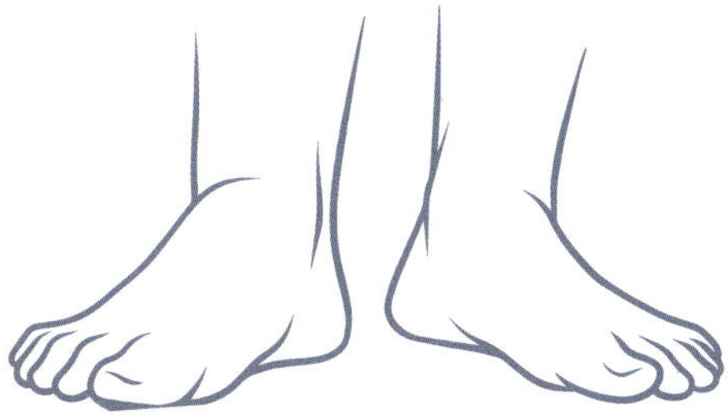

DESENHO SIMPLIFICADO

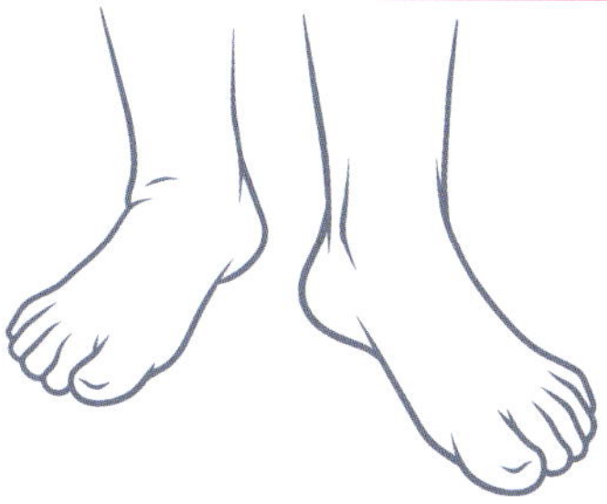

DESENHO SIMPLIFICADO

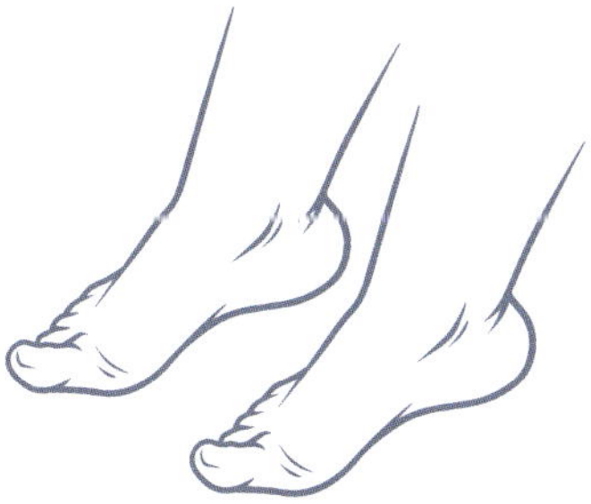

DESENHO SIMPLIFICADO

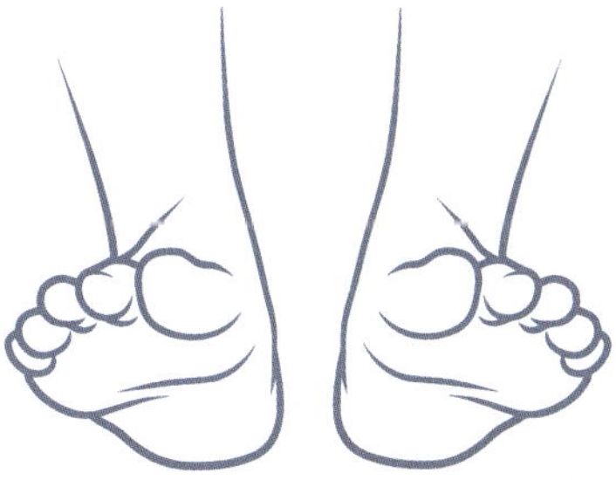

DESENHO SIMPLIFICADO

CABELO E PENTEADOS

O TIPO DE CABELO E PENTEADO QUE VOCÊ ESCOLHE AO CRIAR SEU CHIBI É MUITO IMPORTANTE, POIS, ASSIM COMO A EXPRESSÃO DO ROSTO, ELES VÃO DETERMINAR A PERSONALIDADE DELE.
ALGUNS CHIBIS SÃO TÃO SIMPLIFICADOS QUE AS ÚNICAS CARACTERÍSTICAS QUE OS DISTINGUEM SÃO O CABELO E AS ROUPAS. O PENTEADO CERTO PODE MELHORAR A APARÊNCIA E A PERSONALIDADE DO PERSONAGEM, E NA PRÁTICA NÃO HÁ LIMITES PARA O QUE VOCÊ PODE CRIAR. O CABELO PODE TER QUALQUER COMPRIMENTO, ESTILO, COR OU FORMA.

CURTO COM PONTAS ARREPIADAS
O cabelo é dividido no centro da testa. Na franja, ele forma pontas, e é mais longo nas laterais.

CURTO
Esse estilo é frequentemente usado para conferir uma imagem amável, agradável e simpática ao personagem.

CURTO COM PONTAS
Esse estilo é muito comum em personagens masculinos de anime e mangá.
Em geral, esse penteado mais bagunçado é comum em heróis, jovens ou personagens muito ativos.

LONGO E RETO
Esse cabelo cai pelas laterais e pelas costas. Ele pode ou não acompanhar uma franja. Você pode desenhá-lo reto ou dar um pouco de volume.

LONGO ONDULADO
O cabelo é longo e cai em ondas aleatórias ao redor do rosto e dos ombros.

MARIA-CHIQUINHA
Há muitas maneiras de desenhar esse penteado: com cabelos curtos, longos, cacheados, despenteados, arrumados, decorados com acessórios como fitas, presilhas etc.

CURTO ONDULADO
Esse cabelo fica curto nas laterais e na parte de trás. Ele pode ser reto ou ter mais volume.

CURTO RETO
Esse penteado é geométrico e fica reto ao redor do rosto e dos ombros.

TRANÇAS
Você pode desenhar tranças simétricas, curtas, longas, largas, estreitas ou como quiser.
Se preferir fazer tranças simples, você pode marcar apenas o contorno e omitir os detalhes do cruzamento.

HÁ TANTOS PENTEADOS E FORMAS DE CABELOS QUANTO VOCÊ POSSA IMAGINAR. ALGUNS DESENHISTAS USAM LINHAS DE CONTORNO PRETAS, OUTROS APLICAM A MESMA COR DO CABELO. ELES TAMBÉM ADICIONAM BRILHO, LUZ E SOMBRA. ELES COLOREM SEUS DESENHOS COM LÁPIS OU AQUARELA, OU OS FAZEM DIGITALMENTE, EM UM COMPUTADOR OU MESA DIGITALIZADORA.
PRATIQUE TOMANDO COMO REFERÊNCIA DIFERENTES ARTISTAS PARA DESCOBRIR COM QUAL DELES VOCÊ SE SENTE MAIS CONFORTÁVEL E ENCONTRE SEU PRÓPRIO ESTILO.

MOVIMENTO DO CABELO

SE OS PERSONAGENS QUE VOCÊ VAI DESENHAR ESTIVEREM REALIZANDO UMA AÇÃO, É MUITO IMPORTANTE QUE TODOS OS DETALHES ACOMPANHEM ESSE MOVIMENTO. O ESTILO PODE VARIAR DEPENDENDO DA SITUAÇÃO, COMO SE ESTIVER VENTANDO OU SE O PERSONAGEM ESTIVER SE MOVENDO RAPIDAMENTE EM UMA DIREÇÃO ETC.

LISO – RETO

O mais importante ao criar cabelos lisos é desenhar linhas retas e simples. Neste exemplo, as setas mostram as partes que devem ser retas.

CABELO SOLTO AO VENTO

Esta personagem tem cabelos longos que parecem balançar ao vento ou se mover quando ela vira a cabeça. As linhas longas e amplas sugerem ondas. Desenhe diferentes mechas de cabelo que crescem e se separam em direção às pontas. Para conferir movimento ao cabelo, não faça uma única peça nem escolha apenas única direção, pois ele parecerá rígido e não natural.

CABELO DESPENTEADO

Nesse caso, é aconselhável desenhar várias mechas de diversos comprimentos e em diferentes direções para que o cabelo pareça mais natural. Lembre-se de que ele cresce a partir do topo da cabeça e cai para baixo.

CACHEADO OU ONDULADO

Se você optar por cabelos cacheados, desenhe os cachos caindo de uma base. Certifique-se de que eles tenham sempre a mesma direção, como mostra a seta.

BRILHO, LUZ, VOLUME E SOMBRA

Para dar volume ao cabelo, você pode adicionar luz e sombra. Imagine uma fonte de luz iluminando o personagem; a parte que recebe mais luz deve ter um tom claro, e a parte que está na sombra, um tom escuro.
Nesses exemplos, você pode ver diferentes maneiras de adicionar brilho, volume, luz e sombra em cada estilo de desenho. Alguns são mais complexos, outros mais simples. Os detalhes sempre seguem o formato do penteado ou da cabeça e têm a mesma cor do cabelo, variando os tons para dar a sensação de brilho e luz ou sombra.

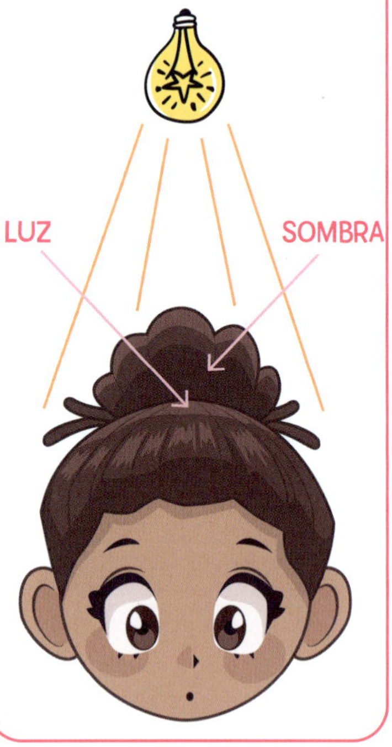

ATIVIDADE

PINTE O CABELO DESSES PERSONAGENS COM CORES VARIADAS. VEJA COMO É POSSÍVEL OBTER UM ESTILO DIFERENTE NO MESMO PENTEADO SÓ VARIANDO OS TONS. ADICIONE LUZES E SOMBRAS CONFORME O EXEMPLO.

PRATIQUE LINHAS, RABISCOS, ZIGUE-ZAGUES, REDEMOINHOS, ONDAS; ELES O AJUDARÃO A INTEGRÁ-LOS EM SEUS PENTEADOS E ESTILOS DE CABELO.

ATIVIDADE

CRIE SEUS PERSONAGENS ADICIONANDO EXPRESSÕES, CABELOS, LUZES E SOMBRAS. USE OS MODELOS DESTAS PÁGINAS COMO MODELO.

AÇÕES E MOVIMENTOS

QUANDO SEU PERSONAGEM ESTIVER PRONTO, VOCÊ PODE ADICIONAR AÇÃO OU MOVIMENTO A ELE.

É importante que você desenhe a estrutura da figura de forma esquemática e sua "linha de ação", ou seja, a linha principal que indica o movimento e a expressão do personagem no espaço. Siga estas etapas para desenhar os personagens em ação.

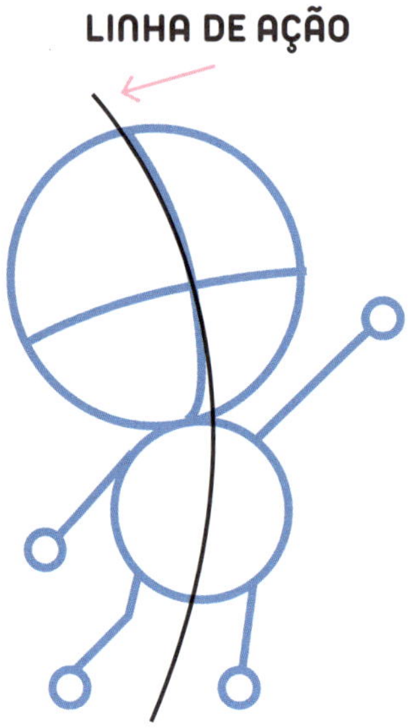

1. Desenhe a linha de ação que indica o movimento do personagem e, em seguida, faça um esboço da figura usando essa linha como eixo principal.

2. Complete a figura dando-lhe volume. Desenhe linhas auxiliares para marcar o centro de cada parte.

3. Desenhe as feições, o cabelo e as roupas do personagem.

4. Complete os detalhes e, finalmente, pinte-o.

Observe a linha de ação aplicada nos desenhos seguintes e use-a em seus projetos.

AO DESENHAR A FIGURA, OS DETALHES DO CORPO, O CABELO E AS ROUPAS DO PERSONAGEM, ACENTUE A LINHA DE AÇÃO PARA ENFATIZAR O MOVIMENTO QUE ELE ESTÁ FAZENDO. DESSA FORMA, VOCÊ OBTERÁ MAIOR EXPRESSIVIDADE.

LINHA DE AÇÃO

LINHA DE AÇÃO

LINHA DE AÇÃO

LINHA DE AÇÃO

LINHA DE AÇÃO

AÇÕES E MOVIMENTOS

Aqui estão alguns esquemas que você pode usar como modelos.

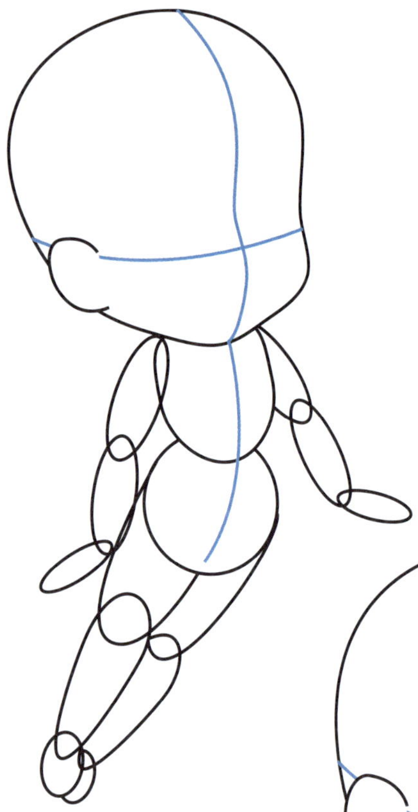

FLUTUANDO NO AR

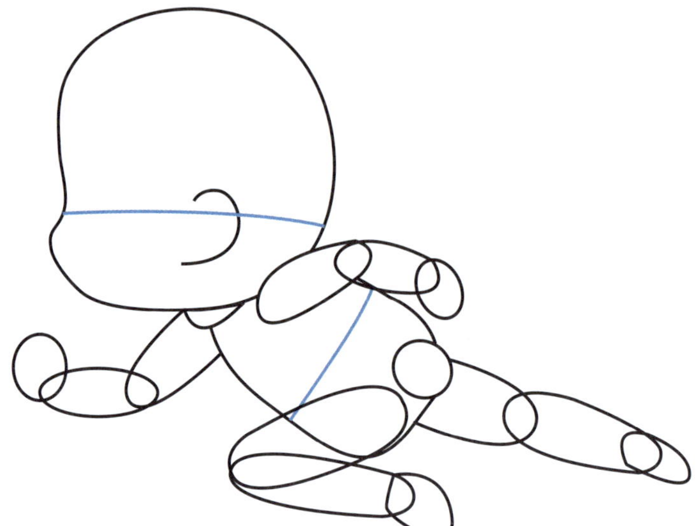

VOANDO

CORRENDO

ANDANDO DE SKATE

ATIVIDADE

CRIE UM PERSONAGEM USANDO ESSE ESQUEMA COMO BASE. PENSE NA ATIVIDADE QUE ELE ESTÁ FAZENDO, EM SUA EXPRESSÃO, SEU CABELO E ROUPA. ENTÃO DESENHE-O.

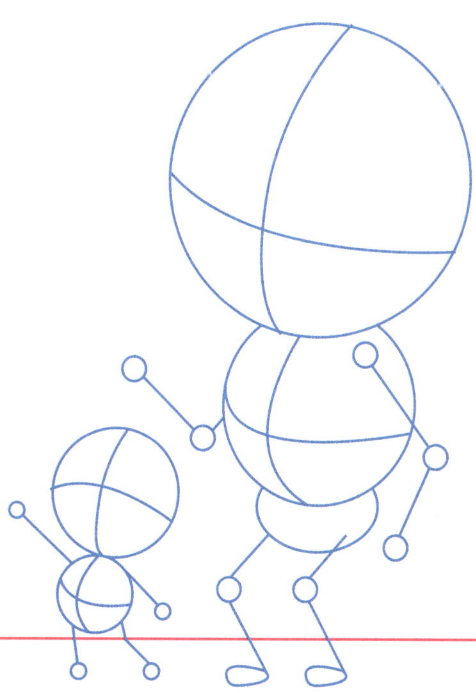

ANIMAIS E BICHOS DE ESTIMAÇÃO

AGORA QUE VOCÊ APRENDEU A DESENHAR PESSOAS DE DIFERENTES IDADES, FORMAS E TAMANHOS, É HORA DE DESENHAR SEUS COMPANHEIROS DE AVENTURA: OS ANIMAIS E BICHOS DE ESTIMAÇÃO.

Na vida real, os animais são muito diferentes uns dos outros: alguns andam sobre duas patas, outros sobre quatro, uns têm asas para voar, outros nadadeiras para nadar... Porém, como tudo é possível no mundo da fantasia, você pode até criar animais com características humanas: eles podem falar, andar e se mover como pessoas. A forma e a personalidade deles vai depender da sua imaginação. Aqui estão alguns modelos para você usar como base.

QUADRÚPEDES

Use esse modelo para desenhar animais que andam sobre quatro patas.

ALTURA DUAS CABEÇAS

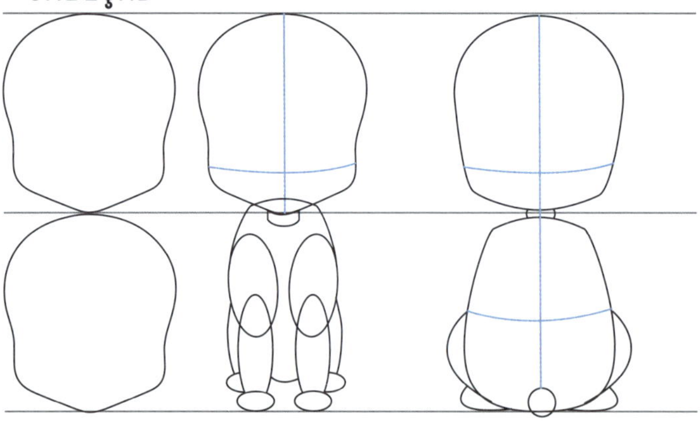

VISTA FRONTAL **VISTA DORSAL**

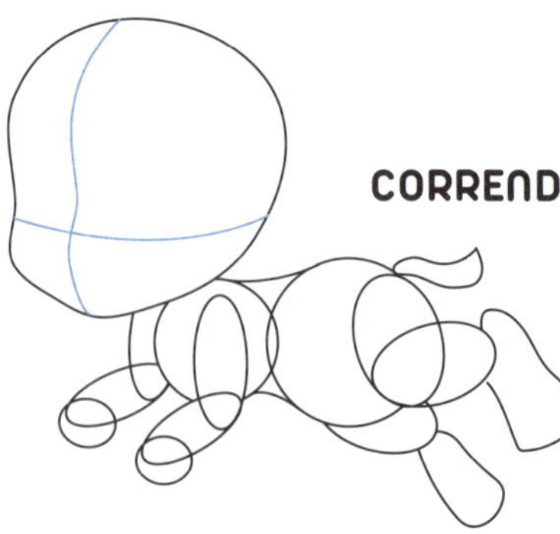

CORRENDO

BÍPEDES

Use este modelo como base para animais que andam sobre duas patas ou para aqueles aos quais você deseja atribuir características humanas.

ALTURA DUAS CABEÇAS

VISTA DE PERFIL | VISTA FRONTAL | VISTA DE PERFIL 3/4 | VISTA DE PERFIL | VISTA DORSAL

PROPORÇÕES

Modifique as proporções do modelo (aumente a cabeça, diminua o corpo etc.) para obter animais de diferentes tipos físicos.

Com o mesmo modelo de cabeça, você pode alterar o formato das orelhas e, assim, criar diferentes espécies de animais.

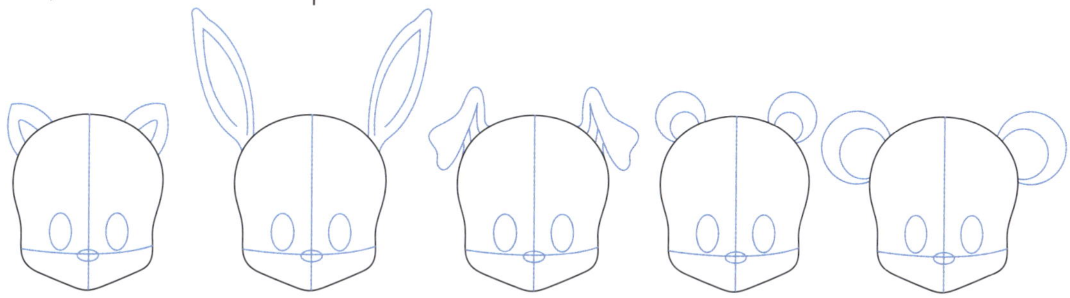

GATO | COELHO | CACHORRO | URSO | RATO

AVES

Esses modelos o ajudarão a criar aves. Observe que o comprimento das patas é um pouco exagerado e as proporções reais são arredondadas. Ao alterar o formato da cauda, você pode criar diferentes espécies.

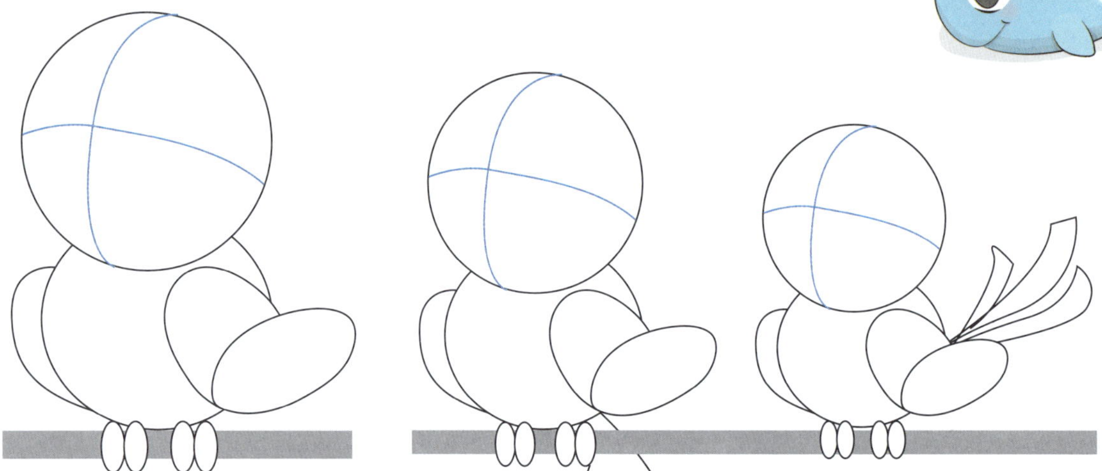

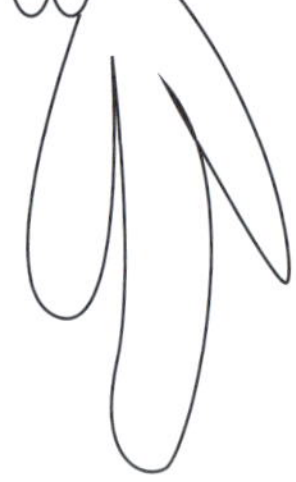

Se você adicionar uma cauda pontiaguda e patas curtas a esse modelo, vai ter um pato. Se adicionar uma crista, aumentar o comprimento das patas e mudar a cauda, vai conseguir uma galinha.

ATIVIDADE

COMPLETE AS ESTRUTURAS ABAIXO DESENHANDO SEUS PRÓPRIOS ANIMAIS CHIBI. CRIE UMA BELA CENA COM UM FUNDO DE ÁRVORES E FLORES.

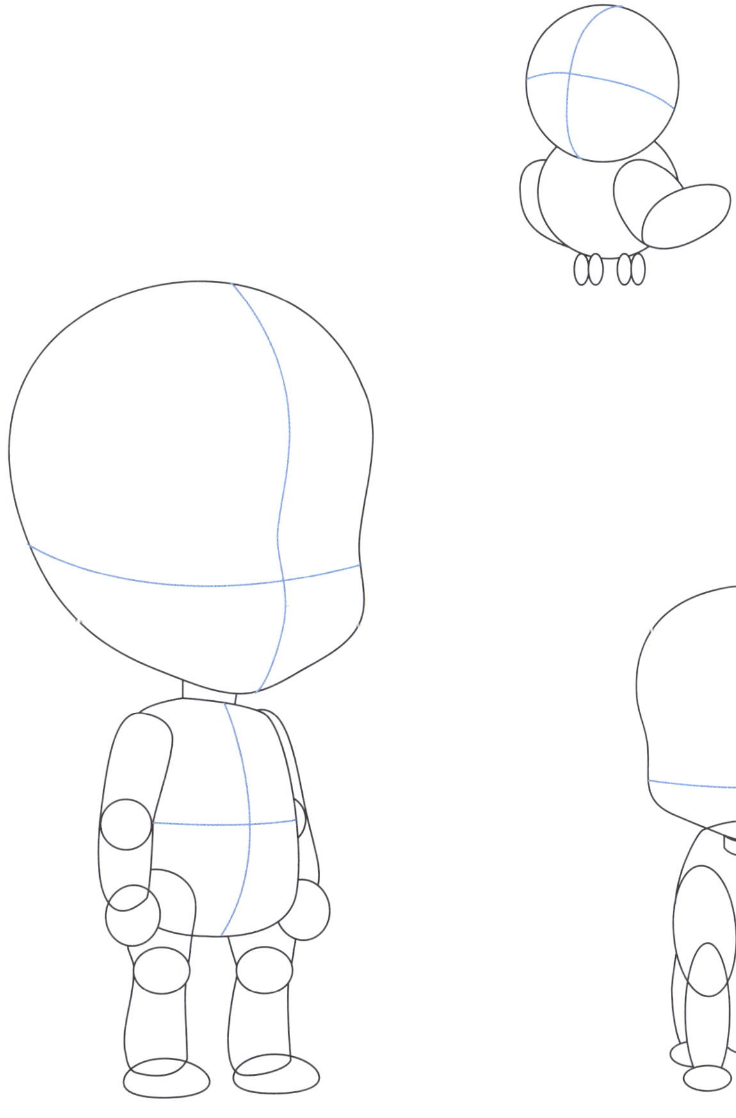

ROUPAS E VESTUÁRIO

NA CRIAÇÃO DE UM PERSONAGEM, É IMPORTANTE PENSAR NO ESTILO E NA IDENTIDADE DELE POR MEIO DE ROUPAS E ACESSÓRIOS. A MODA PODE VARIAR DE ACORDO COM A IDADE, ATIVIDADE, SE ELE É UM SUPER-HERÓI, UM GUERREIRO, UM PERSONAGEM DE FICÇÃO CIENTÍFICA, UM ESPORTISTA, UM FUNCIONÁRIO DE ESCRITÓRIO ETC. AS OPÇÕES SÃO ILIMITADAS. VISTA SEUS CHIBIS DE MODO ORIGINAL, INSERINDO-OS NA HISTÓRIA E NO MUNDO QUE VOCÊ CRIOU PARA ELES.

Nesta ilustração, cada membro da família chibi usa uma roupa adequada para a idade. A do avô é clássica, a da mãe é um vestido vermelho solto, o menino prefere shorts e o bebê está de pijama verde bem confortável. O pai trabalha no escritório e geralmente veste calça e camisa, enquanto a adolescente combina um casaco amarelo com uma saia curta com shorts por baixo e sapatos cinza. A avó prefere vestido e casaco.

PROFISSÕES E OFÍCIOS

ASTRONAUTA

MÁGICO

ENFERMEIRA

MÉDICA

CONSTRUTOR

COZINHEIRO

PROFESSOR

ARQUITETA

GARÇOM

SUPER-HERÓIS

PASSATEMPOS

ESPORTISTA

CANTOR OU MÚSICO

PERSONAGENS DE FANTASIA

CONDE DRÁCULA

FADA DO NATAL

PRINCESA

FEITICEIRA

ANJO

REI

ACESSÓRIOS

É ESSENCIAL QUE OS PERSONAGENS, ALÉM DE ROUPAS, TENHAM ACESSÓRIOS E ELEMENTOS QUE OS COMPLEMENTEM. DESSA FORMA, VOCÊ PODE REPRESENTAR MELHOR A ATIVIDADE OU A AÇÃO QUE ELES ESTÃO FAZENDO EM CADA CENA DA HISTÓRIA.

Nestas páginas, escolhemos alguns objetos e itens que você pode usar em diferentes cenas ou situações.

ESTUDO

PRAIA

ACAMPAMENTO

BRINQUEDOS

ESPORTES

FERRAMENTAS

ALIMENTOS

SEUS PERSONAGENS SE VESTEM, BRINCAM, VÃO À ESCOLA E SE DIVERTEM, E TAMBÉM PRECISAM COMER. DESENHE-OS COMPARTILHANDO UMA REFEIÇÃO DELICIOSA COM A FAMÍLIA, TOMANDO SORVETE COM OS AMIGOS, PASSEANDO NO PARQUE COM SEU BICHINHO DE ESTIMAÇÃO E SABOREANDO ALGO DOCE.

Aqui estão alguns exemplos que você pode incluir em suas cenas.

MENU CHIBI

SOBREMESAS E DOCES

FRUTAS E VEGETAIS

UTENSÍLIOS DE COZINHA

ATIVIDADE

DESENHE SEU PRÓPRIO MENU

CENÁRIOS

É HORA DE COLOCAR EM PRÁTICA TUDO O QUE VOCÊ APRENDEU NESTE LIVRO. COMECE PLANEJANDO SEUS DESENHOS COM FORMAS BÁSICAS. DEPOIS, VÁ ACRESCENTANDO ELEMENTOS. ALGUNS ARTISTAS GOSTAM DE COMEÇAR COM OS PERSONAGENS, OUTROS COM OS OBJETOS. NÃO TENHA PRESSA E PENSE POR ONDE QUER COMEÇAR.

1. Primeiro, imagine o cenário onde você vai colocar seus chibis, ou seja, pense no espaço ou lugar onde a cena vai ocorrer. Trace as linhas e desenhe as formas básicas. Em seguida, pense nos personagens, em suas roupas e seus acessórios, nas ações que farão e nas expressões que você vai desenhar em seus rostos. Depois de esboçar as formas básicas, vá preenchendo os detalhes.

2. Decida a hora do dia em que a cena vai se passar, assim você saberá como e onde colorir a luz e a sombra. Lembre-se de que cores claras são usadas para os momentos diurnos, enquanto as cores mais escuras são usadas para representar a tarde ou a noite.
Os objetos mais distantes não precisam de muitos detalhes nem cores na mesma intensidade dos que estão em primeiro plano.
Os personagens principais e os objetos devem ter detalhes claramente definidos para que sejam o centro da atenção na cena.

ATIVIDADE

ENCONTRE UMA FOTO DA SUA FAMÍLIA E DIVIRTA-SE DESENHANDO-A NO ESTILO CHIBI. USE O MODELO SEGUINTE PARA DESENHAR CADA MEMBRO DA FAMÍLIA. RECRIE O PENTEADO E AS ROUPAS QUE ELES COSTUMAM USAR PARA CAPTURAR SEU ESTILO E PERSONALIDADE.

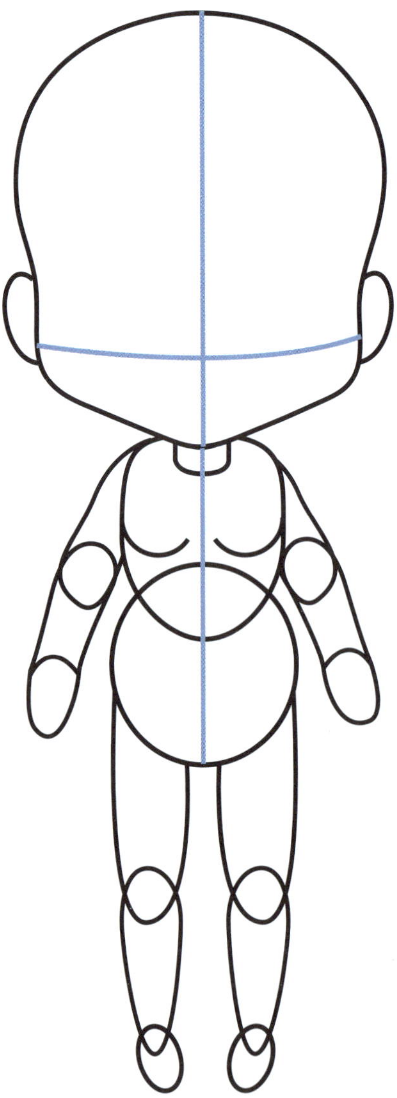

ATÉ A PRÓXIMA!